The Sun-Artist

Also by Susan Connolly from Shearsman Books

Forest Music

The Shearsman Chapbook Series, 2013
Martin Anderson *The Lower Reaches*
Richard Berengarten *Imagems 1*
Susan Connolly *The Sun-Artist*
Amy Evans *The Sea Quells*
Alice Kavounas
Tin Ujević *Twelve Poems (translated by Richard Berengarten)*

The Sun-Artist

a book of pattern poems

Susan Connolly

Shearsman Books

First published in the United Kingdom in 2013 by
Shearsman Books
50 Westons Hill Drive
Emersons Green
BRISTOL
BS16 7DF

www.shearsman.com

ISBN 978-1-84861-313-3

ACKNOWLEDGEMENTS
Thanks are due to the editors of the following publications in which
these poems first appeared:
Shearsman 83 & 84: 'The Dream-Clock', 'Daytrip on the Enterprise'
Shearsman 87 & 88: 'The Sun-Artist', 'One Hundred and Six Days'
Shearsman 95 & 96: 'éire', 'Tara', 'Fields of Blue and White', 'Towards the
Light'
Poetry Ireland Review 106: 'Winter Solstice at Dowth, 3pm'
can can 5 / 6: 'sea-star'
Winterlight: 'Darkness into Light'

'The Sun-Artist' was a prizewinner in the Boyne Valley Honey Book of
Kells National Art Competition in 2010.

'éire' and 'Tara' were included in the Upstart Poster Campaign during
the Irish General Election in 2011. In Dublin, some of the lamp-posts
normally used for displaying the election posters displayed poetry and
visual art instead.

I would like to thank Tony Frazer of Shearsman Books. His open-mind-
ed approach to publishing poetry has been encouraging and inspiring.
Thanks also to John Moloney for his help with the layout of 'The
Dream-Clock' and 'Darkness into Light'.

Contents

In memory of Alison Kelly
1960 – 2013

and you will find one bright morning
your boat moored at a different shore.
—Antonio Machado

Winter Solstice at Dowth, 3pm

1.

               t

                 h

hunkered   e

down

in the   c

                 h

fallen   a

                  m

snow   b

                 e

             r

we watch

the sun   f

                i

sweep   l

              l

through   s

the bars   w

              i

of the   t

              h

locked

gate –

          l

            i

        g

           h

        t

2.

           j

         u

             s   as if

         t

                 we sat

                 side by

           y

        o   side,

         u

                 slowly

           a

        n   turning

           d

                 the original

                 light–

           i

                 filled

           h

        e   pages

        r

        e   of the

                 Book of

           t

        o   Kells

           s

        e

        e

The Sun-Artist

at the Cross of Muiredach, Monasterboice, c. 850–2009AD

```
        deepshadowed
   s   deepshadowe   s
   s   deepshadow   s
   su   deepshado   su
   su   deepshad   su
   sun   deepsha   sun
   sun   deepsh   sun
   suns   deeps   suns
   suns   deep   suns
   sunse   dee   sunse
   sunse   de   sunse
   sunset   d   sunset
   sunset       sunset
   sunset   r   sunset
   sunset   re   sunset
   sunse   ren   sunse
   sunse   rene   sunse
   suns   renew   suns
   suns   renews   suns
   sun   renewsr   sun
   sun   renewsre   sun
   su   renewsren   su
   su   renewsrene   su
   s   renewsrenew   s
   s   renewsrenews   s
   f   renewsrenew   f
   fa   renewsrene   fa
   fa   renewsren   fa
   fad   renewsre   fad
   fad   renewsr   fad
   fadi   renews   fadi
   fadi   renew   fadi
   fadin   rene   fadin
   fadin   ren   fadin
   fading   re   fading
   fading   r   fading
   fading       fading
   fadin   p   fadin
   fadin   pa   fadin
   fadi   pat   fadi
   fadi   patt   fadi
   fad   patte   fad
   fad   patter   fad
   fa   pattern   fa
   fa   patterns   fa
   f   patternsp   f
   f   patternspa   f
   patternspat
```

deepshadowed sunset renews fading patterns

```
        illumination
  s   illuminatio   s
  s   illuminati   s
  su   illuminat   su
  su   illumina   su
  sud   illumin   sud
  sud   illumi   sud
  sudd   illum   sudd
  sudd   illu   sudd
  sudde   ill   sudde
  sudde   il   sudde
  sudden   i   sudden
  sudden       sudden
  sudden   s   sudden
  sudden   sh   sudden
  sudde   sha   sudde
  sudde   shad   sudde
  sudd   shado   sudd
  sudd   shadow   sudd
  sud   shadows   sud
  sud   shadowsh   sud
  su   shadowsha   su
  su   shadowshad   su
  s   shadowshado   s
  s   shadowshadow   s
  w   shadowshado   w
  wo   shadowshad   wo
  wo   shadowsha   wo
  wor   shadowsh   wor
  wor   shadows   wor
  worl   shadow   worl
  worl   shado   worl
  world   shad   world
  world   sha   world
  worlds   sh   worlds
  worlds   s   worlds
  worlds       worlds
  world   f   world
  world   fl   world
  worl   flu   worl
  worl   flut   worl
  wor   flutt   wor
  wor   flutte   wor
  wo   flutter   wo
  wo   flutteri   wo
  w   flutterin   w
  w   fluttering   w
```

sudden illumination shadow-worlds fluttering

Daytrip on the Enterprise

Dublin-Belfast Return
Monday – Saturday

Dep Dublin		Dep Belfast	
D	09.35 D	B	18.10 B
U	09.35 U	E	18.10 E
B	09.35 B	L	18.10 L
L	09.35 L	F	18.10 F
I	09.35 I	A	18.10 A
N	09.35 N	S	18.10 S
		T	18.10 T

Dep Drogheda		Dep Drogheda	
D	10.06 D	D	19.41 D
R	10.06 R	R	19.41 R
O	10.06 O	O	19.41 O
G	10.06 G	G	19.41 G

```
B O Y N E    V    I A D U C T    B    O Y N E V    I    A D U C T
O Y N E    V I    A D U C T    B O    Y N E V    I A    D U C T
Y N E    V I A    D U C T    B O Y    N E V    I A D    U C T
N E    V I A D    U C T    B O Y N    E V    I A D U    C T
  E    V I A D U    C T    B O Y N E    V    I A D U C    T
N E    V I A D    U C T    B O Y N    E V    I A D U    C T
Y N E    V I A    D U C T    B O Y    N E V    I A D    U C T
O Y N E    V I    A D U C T    B O    Y N E V    I A    D U C T
B O Y N E    V    I A D U C T    B    O Y N E V    I    A D U C T
```

H	10.06 H	H	19.41 H
E	10.06 E	E	19.41 E
D	10.06 D	D	19.41 D
A	10.06 A	A	19.41 A

Arr Belfast		Arr Dublin	
B	11.50 B	D	20.15 D
E	11.50 E	U	20.15 U
L	11.50 L	B	20.15 B
F	11.50 F	L	20.15 L
A	11.50 A	I	20.15 I
S	11.50 S	N	20.15 N
T	11.50 T		

The Dream-Clock

sea–star
a poem for two voices

1.

(first voice)   when

                        the sea

                        thunders

                              across high
(second voice)   when the sea thunders across
                        sandbanks and
                        high sandbanks and floods
                        floods you with
                        you with its sound, i
                        its sound, i hear
                        hear its solemn roar
                        its solemn roar 100
                        100 miles away. when
                        miles away. when
                        day is bright-clear
                        day is bright-clear and
                        and you can see
                        you can see for miles can
                        for miles can
                        you see more deeply into me
                        you see more

                        deeply

                        into

                        me

2.

(first voice)   **can**

                  you see

                 a still pool
(second voice)   can you see a still pool
               few have found.
          few have found.i hear
        i hear in you a rare
           in you a rare
      sound never heard before
           sound never

          heard be-

            fore

One Hundred and Six Days

for Sharon Commins, Ireland, and Hilda Kawuki, Uganda, aid workers,
abducted and held hostage for over three months in North Darfur, Sudan

```
        a   i   d    w   o   r   k   e   r   s
    a                                              r
        c   o   m    m   i   n   s
    b     c   o   m    m    i   n          e
          c   o   m   m    i
    d       c   o   m   m              l
          c   o   m
    u   x         c   o        x        e
        x   x          c          x   x
    c     x                     x      a
                d   i
    t         n   s   r                  s
            a   s   h   a   e
    e     l   s   h   a   r   o   l       e
          e   s   h   a   r   o   n   s       a
    d   r   s   h   a   r   o   n   s   h   a   n   d
        i   s   h   a   r   o   n   s   h   a   r   o   d
        s   h   a   r   o   n   s   s   h   a   r   o   n
    u   s   h   a   r   o   n   s   h   a   r   o   a
    g   s   h   a   r   o   n   s   h   a   d
        a   s   h   a   r   o   n   s   n       o
        n   s   h   a   r   o   a
    j       d   s   h   a   g           c
        x       a   s   u       x
    u                              t
        x   x   r   d       x   x
    l       u   h   a              o
        x   f   h   i   l   r       x
    y     r   h   i   l   d   a   f       b
        a   h   i   l   d   a   h   i   u
        d   h   i   l   d   a   h   i   l   d   r   e
        h   i   l   d   a   h   h   i   l   d   a
        s   h   i   l   d   a   h   i   l   d   n   r
        u   h   i   l   d   a   h   i   a
        d   h   i   l   d   a   d
        a   h   i   l   u
        n   h   s
        x                   x
    2   x   x       k       x   x   2
        x       k   a       x
    0         k   a   w      0
          k   a   w   u
    0     k   a   w   u   k      0
        k   a   w   u   k   i
    9                              9
        h   o   s   t   a   g   e   s
```

EFFORTS **s** CONTINUE

TO FREE **s** h h GOAL AID

STAFF. **s** h **h** i **a** KIDNAP-

PERS **s** h **h** **i** **a** l **r** FEARED

AS **s** h **h** **i** **a** **l** **r** d **o** BANDITS

AND **s** h **h** **i** **a** **l** **r** d **o** a n THIEVES.

SUDAN **s** h **h** **i** **a** **l** **r** d **o** SAYS

MISSING **s** h **h** **i** **a** **l** r IRISH

AID **s** h **h** **i** a WORKER

HAS BEEN **s** h **h** SIGHTED.

RELIEF **s** AS

AID s **h** h WORKERS

FREED. s **h** h **i** a PHONE

RINGS s **h** h **i** a **l** r AT 4am

TO s **h** h **i** a **l** r **d** o BRING

106 s **h** h **i** a **l** r **d** o **a** n DAY

NIGHT s **h** h **i** a **l** r **d** o MARE

TO s **h** h **i** a **l** r AN

END. s **h** h **i** a SHARON

COMMINS s **h** h REUNITED

WITH s FAMILY.

é
éir
éireé
éireéir
éireééire
éireéir
ireéi
reé
e

abcTdef
kjAiAhg
lRmTnRo
ArAqRpA
sRtAuRv
zAyAxw
zyxTwvu
pqArAst
oRnTmRl
ghAiAjk
fedTcba

Thirty-two Days

for Columban Missionary Fr. Michael Sinnott, kidnapped in 2009
from Mindanao, the Philippines, and freed after a month's captivity

```
        2         0         0         9
O                                           N
C                                           O
T                                           V
O                                           E
B                     m                     M
E                    m i c                  B
R                   m i c h a               E
                  m i c h a e l             R
                m i c h a e l m i
              m i c h a e l m i c h
            m i c h a e l m i c h a e
          m i c h a e l m m i c h a e l
          m i c h a e l m i c h a e
          m i c h a e l m i c h
            m i c h a e l m i       S
      J       m i c h a e l         O
      U       m i c h a             L
      S       m i c                 I
      T         m                   D
      I                             A
      C           s                 R
      E         s i n               I
              s i n n o             T
            s i n n o t t           Y
          s i n n o t t s i
        s i n n o t t s i n n
      s i n n o t t s i n n o t
    s i n n o t t s s i n n o t t
      s i n n o t t s i n n o t     P
        s i n n o t t s i n n       H
          s i n n o t t s i         I
M         s i n n o t t             L
I           s i n n o               I
N             s i n                 P
D               s                   P
A                                   I
N                                   N
A                                   E
O                                   S
        2         0         0         9
```

```
J                                           D
O                                           I
U                 o f                        S
R                                           C
N                                           O
E                                           V
Y                 p                          E
                 p h                         R
                p h i                        Y
  C    p h i lpihpipli n e s
  A      p h iplhiiplpii n e          F
  P       p hpihliilpippi n           R
  T        pphhiilliippppi            E
  I        pphhiilliippppi            E
  V       p hpihliilpippi n           D
  I      p h iplhiiplpii n e          O
  T    p h i lpihpipli n e s          M
  Y            p h i
               p h
                p


                 s
                e s
  L             n e s
  I    p h i liinpepsi n e s
  B      h i lpiipnpeisn e s          L
  E       i lpippipniense s           I
  R        liippppiinneess            G
  A        liippppiinneess            H
  T       i lpippipniense s           T
  I      h i lpiipnpeisn e s
  O    p h i liinpepsi n e s
  N            n e s
               e s
                s
  V
  I                                         P
  S                                         E
  I              o f                        A
  O                                         C
  N                                         E
```
```
```

Fields of Blue and White

1.

2.

Christmas Eve

```
            c
           c h
          c h r
          c h r i
 c h r icshtrmiass e v e
 c h rcihsrtimsats e v
 c hcrhirsitsmtams e
   cchhrriissttmmaas
   cchhrriissttmmaas
 c hcrhirsitsmtams e
 c h rcihsrtimsats e v
 c h r icshtrmiass e v e
          c h r i
          c h r
          c h
           c

            e
           v e
          e v e
          s e v e
 c h r iasstemvaes e v e
 h r imsatsmeavsee v e
 r itsmtamsaesveev e
   issttmmaasseevvee
   issttmmaasseevvee
 r itsmtamsaesveev e
 h r imsatsmeavsee v e
 c h r iasstemvaes e v e
          s e v e
          e v e
           v e
            e
```

A Candle in the Window

```
wwwwwwwwwwwwwwwwwwwwwwwwwwwwwwwwwwwwwwwwwwwwwww
wiiiiiiiiiiiiiiiiiiiiiiiiiiiiiiiiiiiiiiiiiiiiiw
winnnnnnnnnnnnnnnnnnnnnnnnnnnnnnnnnnnnnnnnnnniw
winddddddddddddddddddddddddddddddddddddddddddniw
windoooooooooooooooooooooooooooooooooooooooodniw
windowwwwwwwwwwwwwwwwwwwwwwwwwwwwwwwwwwwwwodniw
window                      ww                   wodniw
window                      ww                   wodniw
window                      ww                   wodniw
window                      ww                   wodniw
window                      ww                   wodniw
window                      ww                   wodniw
window                      ww                   wodniw
window                      ww                   wodniw
window                      ww                   wodniw
window                      ww                   wodniw
windowwwwwwwwwwwwwwwwwwwwwwwwwwwwwwwwwwwwwwodniw
windowwwwwwwwwwwwwwwwwwwwwwwwwwwwwwwwwwwwwwodniw
window                      ww                   wodniw
window                      ww                   wodniw
window      A               ww                   wodniw
window                      ww                   wodniw
window      C               ww                   wodniw
window      A               ww                   wodniw
window      N               ww                   wodniw
window      D               ww                   wodniw
window      L               ww                   wodniw
window      E               ww                   wodniw
windowwwwwwwwwwwwwwwwwwwwwwwwwwwwwwwwwwwwwwodniw
windooooooooooooooooooooooooooooooooooooooooodniw
winddddddddddddddddddddddddddddddddddddddddddniw
winnnnnnnnnnnnnnnnnnnnnnnnnnnnnnnnnnnnnnnnnnniw
wiiiiiiiiiiiiiiiiiiiiiiiiiiiiiiiiiiiiiiiiiiiiiw
wwwwwwwwwwwwwwwwwwwwwwwwwwwwwwwwwwwwwwwwwwwwwww
```

Gloria

gloria in excelsis deo

```
    x   x   x   x   x   x   x   x
g     x       x           x       g
    x   x   x   x   x   x   x   x
l       x       x           x         l
    x   x   x   x   x   x   x   x
o     x       x           x       o
    x   x   x   x   x   x   x   x
r       x       x           x         r
          y   i   g
i       r   i   n   e   l             i
        o   i   n   e   x   c   o
a     l   i   n   e   x   c   e   l   r       a
      g   i   n   e   x   c   e   l   s   i   y
      i   n   e   x   c   e   l   s   i   s   d
      i   n   e   x   c   e   l   s   i   s   d   e   o
i     i   n   e   x   c   e   l   s   i   s   d       i
n   g   i   n   e   x   c   e   l   s   i   y   n
      l   i   n   e   x   c   e   l   r
      o   i   n   e   x   c   o
e       r   i   n   e   l             e
          y   i   g
x                                     x
          e   i   p
c       c   i   n   t   e             c
        a   i   n   t   e   r   a
e     e   i   n   t   e   r   r   a   c       e
      p   i   n   t   e   r   r   a   p   a   e
l     i   n   t   e   r   r   a   p   a   x   l
      i   n   t   e   r   r   a       p   a   x
s     i   n   t   e   r   r   a   p   a   x   s
      p   i   n   t   e   r   r   a   p   a   e
i     e   i   n   t   e   r   r   a   c       i
        a   i   n   t   e   r   a
s       c   i   n   t   e             s
          e   i   p
      x       x           x
    x   x   x   x   x   x   x   x
d     x       x           x       d
    x   x   x   x   x   x   x   x
e       x       x           x         e
    x   x   x   x   x   x   x   x
o     x       x           x       o
    x   x   x   x   x   x   x   x
```

et in terra pax

Towards the Light

IN THE DEEP DAWN OF MY LIFE A CHILD STRETCHES AWAKE. LIGHT CLIMBS THE SKY, I CLIMB THE LIGHT, DAY GROWS FROM DAY, TIME LIKE A TREE. NOW I LOOK BACK AT THE YEARS' THE DEAD ENDS AND THE OPEN SPACES. I STILL LEAN TOWARDS THE LIGHT.

What day and night will make of you

```
w h a t    d a y    a n d    n i g h t
h a t    d a y    a n d    n i g h t
a t    d a y    a n d    n i g h t    w
t    d a y    a n d    n i g h t    w i
   d a y    a n d    n i g h t    w i l
d a y    a n d    n i g h t    w i l l
a y    a n d    n i g h t    w i l l
y    a n d    n i g h t    w i l l    m
   a n d    n i g h t    w i l l    m a
a n d    n i g h t    w i l l    m a k
n d    n i g h t    w i l l    m a k e
d    n i g h t    w i l l    m a k e
   n i g h t    w i l l    m a k e    o
n i g h t    w i l l    m a k e    o f
i g h t    w i l l    m a k e    o f
g h t    w i l l    m a k e    o f    y
h t    w i l l    m a k e    o f    y o
t    w i l l    m a k e    o f    y o u
```

```
w i l l    m a k e    o f    y o u    w
i l l    m a k e    o f    y o u    w h
l l    m a k e    o f    y o u    w h a
l    m a k e    o f    y o u    w h a t
   m a k e    o f    y o u    w h a t
m a k e    o f    y o u    w h a t    d
a k e    o f    y o u    w h a t    d a
k e    o f    y o u    w h a t    d a y
e    o f    y o u    w h a t    d a y
   o f    y o u    w h a t    d a y    a
o f    y o u    w h a t    d a y    a n
f    y o u    w h a t    d a y    a n d
   y o u    w h a t    d a y    a n d
y o u    w h a t    d a y    a n d    n
o u    w h a t    d a y    a n d    n i
u    w h a t    d a y    a n d    n i g
   w h a t    d a y    a n d    n i g h
w h a t    d a y    a n d    n i g h t
```

Chrismon

```
x  x  x  x  x  x  x  x  x  x  x  x
r  x  x  x  x  x  x  x  x  x  x  x  i
   r  x  x  x  x  x  x  x  x  x  x  i
r  r  x  x  x  x  x  x  x  x  x  i  i
   r  r  x  x  x  x  x  x  x  x  i  i
r  r  r  x  x  x  x  x  x  x  i  i  i
   r  r  r  x  x  x  x  x  x  i  i  i
r  r  r  r  x  x  x  x  x  i  i  i  i
   r  r  r  r  x  x  x  x  i  i  i  i
r  r  r  r  r  x  x  x  i  i  i  i  i
   r  r  r  r  r  x  x  i  i  i  i  i
r  r  r  r  r  r  x  i  i  i  i  i  i
   i  i  i  i  i  i  r  r  r  r  r
i  i  i  i  i  i  x  r  r  r  r  r  r
   i  i  i  i  i  x  x  r  r  r  r  r
i  i  i  i  i  x  x  x  r  r  r  r  r
   i  i  i  i  x  x  x  x  r  r  r  r
i  i  i  i  x  x  x  x  x  r  r  r  r
   i  i  i  x  x  x  x  x  x  r  r  r
i  i  i  x  x  x  x  x  x  x  r  r  r
   i  i  x  x  x  x  x  x  x  x  r  r
i  i  x  x  x  x  x  x  x  x  r  r
   i  x  x  x  x  x  x  x  x  x  x  r
i  x  x  x  x  x  x  x  x  x  x  r
   x  x  x  x  x  x  x  x  x  x  x
```

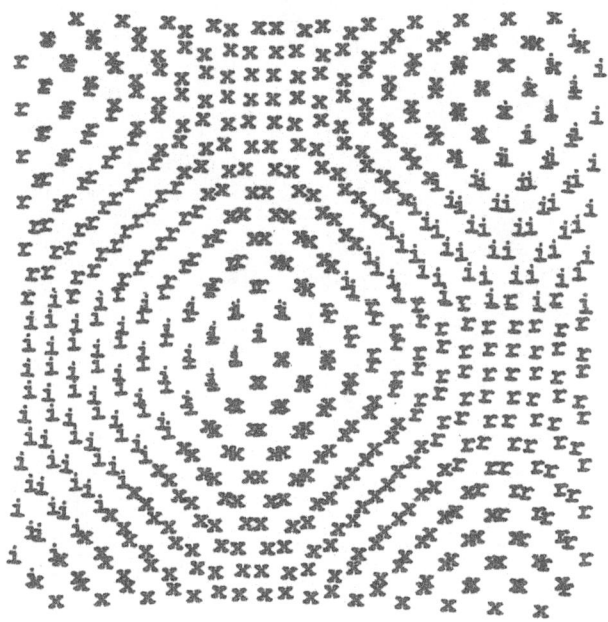

Flute Solo in the Afternoon

```
BOYNE  VI    IADUCT   B    OYNEV  IA   ADUCT
 OYNE  VI   ADUCT   BOY    YNEV  NEV  IADUCT
  YNE  VIA  DUCT   BOYN    NEV  NEV  IADUCT
   NE  VIAD  UCT   BOYNE   EV  NEV  IADU  UCCT
    NE  VIIAD  ADUCT   BOOYN   NEV  IADU  UCCT
    OYNE  VI A  ADUCT   BO    OYN  NEV  IA  ADUCCT
 BOYNE  VI   IADUCT   B    OYNEV  IA   ADUCT
```

```
                      BELFASTNEWRYDROGHEDADUBLIN OO
                      BEL        NEW      OGH    UBLI OO
                      BELFASTNEWRYDROGHEDADUBLIN OO OO OO
```

```
        f
        l
ffffffflute
        t
        e
        p
        l
        a
        y
        e
        r
```

as
the
flute
player
begins to
improvise
i see the
Enterprise
crossing
the Viaduct;
wheels keep
a steady beat

Darkness into Light

Let me give whatever I can
And ask when I need help.
Let me leave the door open
Until eyes close like evening petals.

Shine
light
into
darkness

Teach me to be gentle and at peace
Thankful for all that is given.
Teach me to open wide the door
To welcome as a friend each new day.

Biography

Susan Connolly lives in Drogheda, Co. Louth. Her first full-length collection *For the Stranger* was published by Dedalus Press in 1993. She was awarded the Patrick and Katherine Kavanagh Fellowship in Poetry in 2001. In the same year she received a Publications Grant from the Heritage Council of Ireland for *A Salmon in the Pool*, a literary and place-names map of the river Boyne from source to sea.

Other short collections include *Race to the Sea* (1999) *Ogham:Ancestors Remembered in Stone* (2000) and *Winterlight* (2002). Her poems have been published in journals and magazines throughout Ireland and the U.K. Some of her work has been broadcast on The Poetry Programme, RTE Radio 1. Susan Connolly's second collection *Forest Music* was published by Shearsman Books in 2009.

www.ingramcontent.com/pod-product-compliance
Lightning Source LLC
Chambersburg PA
CBHW021948040426
42448CB00008B/1300